D1525874

We wish to give special thanks to Dani Rangel Nieto for her creativity expressed in these stories, and to Julie Helliwell for copyediting and proofreading the book.

CONTENTS

Introduction

Do you remember the fantastic **bedtime stories** that your parents used to read to you as a child? Do you have children and read them the same stories over and over again because they never tire of them? There is something magical about bedtime when children love listening to stories. It is time for putting on pajamas, brushing teeth, and going to sleep: straight to the land of sweet dreams. Nothing is better for a good night's sleep and the creation of beautiful dreams than a good bedtime story. Reading a story with our children before going to bed at night is one of the most rewarding activities that a family can do. These stories become dreams; those dreams will become hopes, desires, goals, and life projects. As adults, some of our best childhood memories come from pleasant moments that we associate with stories that our parents, grandparents, older brothers, or babysitters told us before bed.

But these stories don't only have to be for children! Just think how useful they can be when you are learning a new language! Bedtime stories are written using simple language but have excellent stories that will entertain, captivate and stick in the memory, so **they are a perfect language-learning tool!** For years, adults have used children's books when they begin to read in a foreign language. This is a good idea in theory, but what happens when you don't understand some of the words? Well, with this gem of a book, that's no problem!

It consists of **12 stories structured with each paragraph in Spanish and subsequently in English** so that it is **easy to associate**, retain and understand the reading in **both languages**. The variety and diversity of the stories will maintain interest and allow for the constant expansion of vocabulary, understanding of verb tenses, and syntax. If you read aloud, it also helps with pronunciation practice.

This book was made with great attention to detail and **grammar rules**, with the best intention to create interesting, funny, and entertaining stories. Above all, it was created with great care and with the aim that the stories are a pleasant way for **English-speakers** to read, practice, and **learn the Spanish language**.

If you are a beginner, you can go through this book at your own pace, **reading all the stories in both Spanish and English**. If you are more advanced, we challenge you to cover up the English parts and test your comprehension and reading skills by only reading the Spanish section! If there are some words you don't know, we suggest that you keep reading. If the word is a common one, it will come up again in the story, and you may be able to understand it from the context. If you still don't understand a word at the end of the story, then take a look at the English version. You can make your own vocabulary lists using this method, and you can read the stories as many times as you like, so you could pick five or ten new words to learn each time you read one!

The pleasure and love of reading begin with the grown-ups reading to the little ones, and on and on it goes until kids start reading by themselves and taking ownership of these stories. The kids form links with the heroes, the princess, the amazing animals, and magical characters. Almost without anyone noticing, this activity strengthens the bond between the adult and child. The stories will inspire a sense of adventure and imagination in the little kids. **If you want to buy this book to help your child learn a new language, why not take the opportunity to learn with them as you read?**

If stories can help us **practice a language** other than our mother tongue, they can also help develop a child's creativity and character. The habit of reading before going to sleep not only promises a restful and peaceful night's sleep but also encourages attachment to good books, stimulates curiosity, and the search for new stories to learn. Young people who love to read, investigate, and study will later become adults who enjoy reading stories to their children before bed.

Another bonus of this wonderful book is that you will enjoy fascinating stories loaded with interesting and fun anecdotes of characters you can easily identify with. These characters will teach **life lessons or important morals** in an entertaining and joyful way. Each tale has an underlying, significant message that you can discuss with your child after reading the story.

We hope you enjoy this book as much as we did when writing it. We hope it encourages you or your children to improve their Spanish and that the stories also help each of you dream of a better, kinder, more caring, and more humane world. In short, a beautiful world. Sleep well and sweet dreams!

Es hora de dormir. El sol ya se acostó más allá de las montañas, y la luna salió a iluminar las calles tranquilas. Perros y gatos ya duermen en sus camas, y tan solo grillos y búhos están afuera cantando sus melodías. Niños y niñas en toda la ciudad se ponen sus pijamas, se van a la cama y viajan al mundo de los sueños. Pero, un niño de cinco años muy especial llamado Miguel, no quiere irse a dormir.

It is time to sleep. The sun has already gone down beyond the mountains, and the moon has come out to illuminate the quiet streets. Dogs and cats are already asleep in their beds, and only crickets and owls are outside singing their melodies. Boys and girls all over the city put on their pajamas, go to bed, and travel to the world of dreams. But a very special five-year-old boy named Miguel doesn't want to go to sleep.

"Por favor, Miguel, ponte el pijama y ven a dormir. Es tarde," le dice su mamá a Miguel. Pero el niño sigue jugando y saltando por todo su cuarto. "¡La noche es joven!" se ríe Miguel, "Soy un niño lleno de energía y nunca me voy a cansar. Voy a estar despierto por siempre."

"Please, Miguel, put on your pajamas and come and go to sleep. It's late," his mother tells Miguel. But the boy keeps playing and jumping all over his room. "The night is young!" laughs Miguel, "I am

a child full of energy, and I'm never going to get tired. I will be awake

forever."

Es cierto que Miguel tiene mucha energía, pero también tiene muy poca paciencia. Es solo un niño, y quiere que todo pase rápido, que todo pase cuando él quiere. Esto puede ser un problema, porque parece que Miguel es grosero y no escucha a su mamá, aún cuando él la quiere mucho.

It is true that Miguel has a lot of energy, but he also has very little patience. He is just a child, and he wants everything to happen quickly: everything to happen when he wants. This can be a problem because it seems like Miguel is rude, and that he does not listen to his mother, even though he loves her very much.

Sin embargo, veinte minutos después, sin fallar, Miguel ya está acostado en su cama, con su pijama de dinosaurios. "Mamá, tengo sueño, pero no puedo dormir", se queja el niño mientras da vueltas en su cama una y otra vez. Ese era el problema de Miguel, por mucho que quisiera dormir, no sabía esperar, no se quedaba quieto, y se aburría.

However, twenty minutes later, without fail, Miguel is lying in his bed, in his dinosaur pajamas. "Mom, I'm sleepy, but I can't sleep," complains the boy as he tosses and turns in his bed. That was Miguel's problem; as much as he wanted to sleep, he didn't know how to wait, he didn't stay still, and he got bored.

"Tengo la solución," dice la mamá de Miguel, y le da un vaso, "Este es un té para dormir. Es una receta muy especial que me enseñó tu abuela. Este té es mágico, Miguel. Te ayudará a dormir y… puede ser que te enseñe una pequeña lección." Ese comentario y la mención de algo mágico hace que se despierte la curiosidad del niño. Rápidamente Miguel se toma el té. Justo cuando empezaba a molestarse y aburrirse de estar acostado, por fin se queda dormido.

"I have the solution," says Miguel's mother, and she gives him a glass, "This is a tea for sleeping. It is a very special recipe that your grandmother taught me. This tea is magical, Miguel. It will help you sleep and… it might teach you a little lesson." That comment and the mention of something magical awakens the boy's curiosity. Quickly Miguel drinks his tea. Just when he was starting to get annoyed and bored with lying down, he finally fell asleep.

Entonces empiezan los sueños de Miguel. Pero estos no son sueños normales. Su mamá tenía razón, ¡el té es mágico! ¡Es justo como estar despierto! Primero, Miguel abre los ojos y se encuentra en una jungla, pero no está llena de animales normales, ¡Está llena de dinosaurios! Pero no hay que tener miedo, los dinosaurios no atacan. Los dinosaurios más pequeños quieren jugar con Miguel. Tan sólo hay un problema, cuando Miguel corre hacia los dinosaurios, estos desaparecen.

Then Miguel's dreams begin. But these are not normal dreams. His mom was right; the tea is magic! It's just like being awake! First, Miguel opens his eyes and finds himself in a jungle, but it is not full of normal animals; it is full of dinosaurs! But do not be afraid; dinosaurs do not attack. The smallest dinosaurs want to play with Miguel. There is only one problem, when Miguel runs towards the dinosaurs, they disappear.

Por ser tan impaciente, a Miguel le parece que pasan horas antes de entender lo que pasa. Cuando corre hacia los dinosaurios ellos desaparecen y vuelven a aparecer mucho más lejos. Pero, cuando Miguel camina con calma hacia ellos, los dinosaurios se

acercan. El problema es que cada vez que se acercan, el niño vuelve a perder la paciencia y empieza a correr y... los dinosaurios se van.

Because he is so impatient, it seems to Miguel that it takes hours before he understands what is happening. When he runs towards the dinosaurs, they disappear and reappear much further away. But, when Miguel calmly walks towards them, the dinosaurs come closer. The problem is that every time they get closer, the child loses his patience again and starts running and... the dinosaurs leave.

"¡Es una lección!" exclama finalmente Miguel cuando entiende lo que pasa, "Mi mamá me lo advirtió. Necesito tener paciencia." No es fácil. Miguel tiene que hacer muchos intentos, y fallar muchas veces. Tal vez no se da cuenta de lo importante que son esos ejercicios de paciencia. Pero finalmente lo logra. Miguel consigue tener paciencia, controlar sus emociones, y cuando los dinosaurios lo alcanzan, por fin pueden jugar juntos. ¡Es la experiencia más maravillosa de todas!

"It is a lesson!" Miguel finally exclaims when he understands what is happening, "My mother warned me. I need to be patient." It is not easy. Miguel has to try many times, and fail many times. Maybe he

12

doesn't realize how important these exercises in patience are. But he finally achieves it. Miguel manages to be patient, control his emotions, and when the dinosaurs reach him, they can finally play together. It is the most wonderful experience of all!

Al día siguiente, Miguel despierta después de haber tenido el mejor sueño de su vida. El niño está muy emocionado, porque ahora entiende que tener paciencia, esperar, y seguir instrucciones le conseguirá grandes premios al final del día.

The next day, Miguel wakes up after having the best dream of his life. The boy is very excited because he now understands that being patient, waiting, and following instructions will get him big rewards at the end of the day.

Un Héroe Diferente - A Different Hero

Simón es tan solo un niño cuando su familia se muda a otra ciudad. No es muy lejos, pero aún así es un gran cambio para el niño. La ciudad nueva es totalmente diferente y desconocida. La casa nueva es grande y misteriosa. Y también tiene que ir a un colegio nuevo, eso es lo más difícil. Ahora Simón tiene que hacer nuevos amigos y pronto va a descubrir que no es tan fácil como parece.

Simon is just a kid when his family moves to another city. It is not very far, but it is still a big change for the boy. The new city is totally different and unknown. The new house is big and mysterious. And he also has to go to a new school, that's the hardest part. Now Simon has to make new friends, and he will soon discover that it is not as easy as it seems.

"Mamá, no me gusta esta ciudad, creo que nadie quiere ser mi amigo," le dice Simón a su mamá después del primer día de clases. "Ten paciencia, hijo. Pronto todos sabrán lo especial que eres, y tendrás muchos amigos," le responde con cariño su mamá. Una semana después, Simón le dice a su papá, "Papá, no me gusta esta escuela, creo que los otros niños no me quieren porque vengo de otra ciudad." Su papá le responde: "No te preocupes Simón. Aún no te conocen. Dentro de poco todo será mejor."

"Mom, I don't like this city; I don't think anyone wants to be my friend," Simon tells his mom after the first day of school. "Be patient, son. Soon everyone will know how special you are, and you will have many friends," his mother replies affectionately. A week later, Simon says to his dad, "Dad, I don't like this school; I think the other children

15

don't like me because I come from another city." His father replies: "Don't worry, Simon. They still don't know you. Everything will be better soon."

Sin embargo, después de un mes, las cosas aún no mejoran. Simón se siente solo, y está cansado de que los otros niños lo traten diferente. Durante un viaje al zoológico Simón se sienta solo al fondo del bus escolar y se pone a pensar. Todos los niños son iguales, sin importar de dónde vienen, sin importar su acento, el color de su piel, su tamaño o su nombre. Al menos eso cree él. Así que decide que, si los otros niños no pueden entender eso, entonces él tampoco quiere ser amigo de ellos. Pero, ¿será esa la decisión correcta?

However, after a month, things still do not improve. Simon feels lonely, and he's tired of other kids treating him differently. During a trip to the zoo, Simon sits alone at the back of the school bus and begins to think. All children are the same, no matter where they come from, no matter their accent, skin color, size, or name. At least that is what he believes. So he decides that if the other kids can't understand that, then he doesn't want to be friends with them either. But will that be the right decision?

16

El destino decide poner a Simón y a todos los otros niños a prueba. El bus escolar empieza a fallar y deja de funcionar a mitad del camino. Ahora los niños y la profesora están perdidos, en una ciudad desconocida, y sin saber cómo llegar al zoológico. Pero Simón tiene un secreto. Esa no es una ciudad desconocida, ¡ese es su hogar! Sin embargo, al haber decidido que no quería nuevos amigos, Simón decide que no tiene que ayudarlos. Es entonces cuando una niña se acerca tímidamente a hablar con Simón.

Fate decides to put Simon and all the other children to the test. The school bus begins to fail and stops working halfway on route. Now the children and the teacher are lost, in an unknown city, and without knowing how to get to the zoo. But Simon has a secret. That is not an unknown city; that is his home! However, having decided that he did not want any new friends, Simon decides that he does not have to help them. It is then when a girl shyly approaches to speak with Simon.

"Hola, me llamo Mariana," le dice la niña a Simón, "Sabemos que eres de esta gran ciudad, por eso siempre nos ha dado miedo hablarte. No queremos molestarte, pero necesitamos tu ayuda." El niño se siente muy confundido. "¿Miedo? ¿Molestarme?" le pregunta

17

Simón a Mariana, "¡Yo pensaba que ustedes no querían ser mis amigos! ¡Claro que los puedo ayudar!"

"Hello, my name is Mariana," the girl says to Simon, "We know that you are from this great city; that's why we have always been afraid to talk to you. We don't want to bother you, but we need your help." The boy is very confused. "Afraid? Bother me?" Simon asks Mariana, "I thought you didn't want to be my friends! Of course I can help you!"

Así es que Simón baja del bus con sus compañeros de clase y la maestra y encuentran un mapa. El niño, muy emocionado, les cuenta a todos sobre su ciudad: "Aquí estamos, y aquí está el zoológico. Podemos comer helados aquí, es mi lugar favorito. Aquí hay una escuela, igual a la de nosotros, era mía, y la extraño. En estas casas viven mis amigos, también los extraño. Yo sé que bus tenemos que tomar para llegar al zoológico, yo solía ir todos los domingos con mis padres cuando vivíamos aquí."

So Simon gets off the bus with his classmates and the teacher, and they find a map. The boy, very excited, tells everyone about his city. "We are here, and here is the zoo. We can eat ice cream here; it's my favorite place. Here is a school, just like ours, it was mine, and I miss

18

it. My friends live in these houses, I miss them too. I know which bus we have to take to get to the zoo. I used to go every Sunday with my parents when we lived here."

Una vez que los niños exploran la ciudad y se encuentran en el bus camino al zoológico, Mariana se sienta junto a Simón en el bus. "Sabemos que no te gusta nuestra ciudad, tampoco nuestra escuela, pero hoy te convertiste en nuestro héroe. Si nos das una oportunidad, nos gustaría a todos ser tus amigos." Simón lo piensa por un momento y luego le sonríe a su nueva amiga y le dice: "Eso es todo lo que quería: amigos. Creo que ahora podré darle una oportunidad a mi nuevo hogar. Tal vez sea todo mucho mejor de lo que yo creía."

Once the children explore the city and they are on the bus on the way to the zoo, Mariana sits next to Simon on the bus. "We know you don't like our city, nor our school, but today you became our hero. If you give us a chance, we would all like to be your friends." Simon thinks about it for a moment and then smiles at his new friend and says, "That's all I wanted: friends. I think now I can give my new home a chance. Maybe everything is much better than I thought."

Y así fue. Después de ese viaje al zoológico los otros niños se atrevieron a hablarle a Simón, el héroe. Y Simón los perdonó. Después de todo, había sido un gran malentendido. Lo único que necesitaban era darse una oportunidad para descubrir que a veces el cambio puede traer muchas cosas buenas. Tan solo hay que ser optimistas y llegar a todas partes con una sonrisa en el rostro.

And that's how it was. After that trip to the zoo, the other children dared to speak to Simon, the hero. And Simon forgave them. After all, it had been a huge misunderstanding. All they needed was to give themselves a chance to discover that sometimes change can bring many good things. You just have to be optimistic and go everywhere with a smile on your face.

———

La ciudad es un lugar tranquilo. La ciudad es un lugar ordenado. Pero, para los niños, la ciudad puede ser un lugar aburrido. En estas calles todas las personas se ven iguales. Todas las personas se visten y caminan igual. Todos los que viven aquí van

21

a la misma escuela, toman los mismos buses, trabajan en las mismas oficinas. Pero, la ciudad guarda un secreto a sus espaldas... literalmente. Detrás de la ciudad se oculta un bosque encantado.

The city is a quiet place. The city is an orderly place. But, for children, the city can be a boring place. On these streets, all the people look the same. All the people dress and walk the same. Everyone who lives here goes to the same school, takes the same buses, works in the same offices. But, the city keeps a secret behind its back ... literally. Behind the city is an enchanted forest.

Todos los adultos saben de la existencia del bosque encantado. En realidad, todos los adultos visitan el bosque tanto como les es posible. Pero también hay un truco, el bosque encantado es un secreto. Solo las personas que nacen en esta ciudad pueden visitarlo. Es un secreto. La magia del bosque es un secreto muy bien guardado. Incluso es tradición que la magia del bosque sea un secreto para los niños de la ciudad. Sus padres tan solo les dicen que el bosque es un lugar seguro pero misterioso, hermoso pero inesperado, mágico pero inexplicable.

All the adults know of the existence of the enchanted forest. In reality, all the adults visit the forest as much as possible. But there is also a trick; the enchanted forest is a secret. Only people who are born in this city can visit it. It is a secret. The magic of the forest is a well-kept secret. It is even a tradition that the magic of the forest is a secret for the children of the city. Their parents just tell them that the forest is a safe but mysterious place, beautiful but unexpected, magical but inexplicable.

Al llegar a cierta edad, todos los niños de la ciudad, sin fallar, entran al bosque. Algunos niños, simplemente por ser curiosos, van al bosque al salir de clases solos por primera vez. Otros niños van en grupos, tres amigos tomados de la mano pisan el bosque por primera vez. También hay casos especiales, niños que entran al bosque porque alguien los retó, porque están persiguiendo una mascota o una pelota, o tal vez solo estaban perdidos. Pero también están los casos de los niños que tienen miedo de entrar al bosque por primera vez.

Upon reaching a certain age, all the children of the city, without fail, enter the forest. Some children, simply for being curious, go to the

woods when they leave school alone for the first time. Other children
go in groups, three friends holding hands set foot in the forest for the
first time. There are also special cases, children who enter the forest
because someone challenged them, because they are chasing a pet or a
ball, or maybe they were just lost. But there are also cases of children
who are afraid to enter the forest for the first time.

**Este es el caso de Laura, una niña dulce, hermosa, casi
angelical. Pero Laura siente un gran temor del bosque. Ya casi
todos sus compañeros de clases han ido al bosque por primera vez,
y los rumores se expandieron por todo el colegio. Laura le comparte
sus preocupaciones a su mamá. Le dice: "Mamá, los niños dicen que
me puedo perder en el bosque y nunca volver a casa. Dicen que voy
a encontrar un duende y me va a querer quitar todo mi dinero, ¡yo
no tengo dinero! Dicen que voy a tener que pelear con un fantasma.
Dicen que es sólo para niños. Dicen que soy muy pequeña. Dicen
que da mucho miedo, que hace mucho frío, que ya es demasiado
tarde..."**

This is the case of Laura, a sweet, beautiful, almost angelic girl.
But Laura feels a great fear of the forest. Almost all of her classmates

24

have gone to the forest for the first time, and rumors spread throughout the school. Laura shares her concerns with her mother. She says, "Mom, the children say that I can get lost in the forest and never come home. They say that I am going to find a leprechaun and he is going to want to take all my money; I have no money! They say I'm going to have to fight a ghost. They say it's just for boys. They say that I am very small. They say that it is very scary, that it is very cold, that it is too late..."

Dicen... dicen... dicen... Todos tienen algo que decir sobre el bosque encantado, pero ¿cuál es la verdad? "Nunca confíes en los rumores. Hija, nadie te puede decir la verdad sobre el bosque, eso es parte de la magia," le responde su mamá, muy segura, ya que ella conoce bien el bosque. "Confía en mí. Confía en ti misma. Confía en el bosque que te llama. Ese es el bosque de la verdad, cuando entres, todo tendrá sentido."

They say... they say... they say... Everyone has something to say about the enchanted forest, but what is the truth? "Never trust rumors. Daughter, no one can tell you the truth about the forest, that is part of the magic," her mother replies very surely since she knows the forest well. "Trust me. Trust in yourself. Trust the forest that calls you. That is the forest of truth; when you enter, it will all make sense."

Finalmente, el día de su cumpleaños, la pequeña Laura decide que ha llegado el momento. Aún tiene mucho miedo de adentrarse al bosque, pero también siente emoción y curiosidad, y siente que está lista. Lo más importante, es que Laura no tiene que dar este importante paso ella sola. Así que decide ir con su familia y sus amigos. Parados todo en frente del bosque, Laura ve como su papá y sus tías entran al bosque. Ve a sus amigos saltar de emoción y correr hacia los árboles. Y luego su mamá le ofrece una mano y ambas entran por fin al bosque encantado.

Finally, on her birthday, little Laura decides that the moment has arrived. She is still very afraid to go into the forest, but she also feels excitement and curiosity, and she feels that she is ready. Most importantly, Laura does not have to take this important step alone. So, she decides to go with her family and her friends. All standing in front of the forest, Laura watches her father and her aunts enter the forest. She sees her friends jump with excitement and run towards the trees.

And then, her mother offers her a hand, and they both finally enter the enchanted forest.

Cuando Laura abre los ojos ya dentro del bosque se da cuenta que no está sujetando la mano de su mamá. No puede. Porque Laura ahora tiene el cuerpo de un hermoso conejo blanco, y junto a ella está un elegante caballo blanco que ella inmediatamente reconoce como su mamá. Más allá está el resto de su familia y todos sus amigos. Son gatos y perros, monos y osos, e incluso animales que ella jamás ha visto en su vida. Es cierto, ¡el bosque es mágico! "Te lo dije," le dice su mamá a Laura, "No tenga miedo de crecer y arriesgarte y descubrir quién en verdad eres. En este mundo todos somos diferentes." Es cierto, en ese lugar todos se ven diferentes, se mueven y hablan diferente, y son ellos mismos.

When Laura opens her eyes inside the forest, she realizes that she is not holding her mother's hand. She cannot. Because Laura now has the body of a beautiful white rabbit, and next to her is an elegant white horse that she immediately recognizes as her mother. Beyond her are the rest of her family and all of her friends. They are cats and dogs, monkeys and bears, and even animals that she has never seen in her life. It's true; the forest is magical! "I told you," her mom tells Laura, "Don't be afraid to grow up and take a chance and find out who you really are. In this world, we are all different." It is true; in that place, everyone looks different, they move and speak differently, and they are themselves.

———————

Un prodigio es una persona con un talento especial para algo. Los niños prodigios son niños que demuestran talentos especiales mucho antes de lo normal en una persona. Y aún así son niños normales, con problemas normales, y sentimientos normales. Esa fue una de las primeras lecciones que Mathías tendría que aprender.

A prodigy is a person with a special talent for something. Child prodigies are children who demonstrate special talents much earlier than normal in a person. And yet they are normal children, with normal problems and normal feelings. That was one of the first lessons that Mathías would have to learn.

Mathías era un prodigio del ajedrez, aprendió a jugar a los cuatro años. Su primera lección, no sobre el juego, pero sobre la vida, llegó pronto. Luego de ganarle a su mamá en una partida de ajedrez ella le dijo: "Estoy muy orgullosa de mi pequeño genio. Pero sigues siendo mi bebé." A Mathías le pareció un buen trato. Solo quería seguir siendo el mismo. Además, no lo sabía aún, pero estaba a punto de iniciar una gran aventura.

Mathías was a chess prodigy; he learned to play at the age of four. His first lesson, not about the game, but about life, came soon. After beating his mother in a chess game, she said to him, "I am very proud of my little genius. But you are still my baby." Mathías thought it was a good deal. He just wanted to stay the same. Besides, he didn't know it yet, but he was about to start a great adventure.

Mathías pasó los primeros años de su carrera jugando ajedrez ganándole a todos los otros niños. Las piezas del tablero eran sus cosas favoritas en el mundo. Los caballos eran interesantes, las torres eran fuertes, y la reina era su favorita. Los cuadros blancos, y luego los cuadros negro, blanco y negro, y todo tenía sentido. Hasta el día que jugó su primer campeonato.

Mathías spent the first years of his career playing chess, defeating all the other children. The pieces on the board were his favorite things in the world. The horses were interesting, the towers were strong, and the queen was his favorite. The white squares, and then the black squares, white and black, and it all made sense. Until the day he played his first championship.

Ese día Mathías se enfrentó con niños mayores a él. Le gano a todos… a casi todos. En la final del campeonato, Mathías perdió. "Siempre serás mi ganador," le dijo su papá a Mathías, "Ganar no lo es todo, y ganar no significa que eres mejor que la otra persona." Por suerte, Mathías escuchó esas palabras justo a tiempo. Aún era un niño, era inocente, no era nada orgulloso ni tampoco competitivo. Mathías trataba a los otros jugadores como sus amigos, ya que todos disfrutaban el mismo juego. Y ese día se prometió que sin importar quién ganara o perdiera, seguirían siendo amigos.

That day Mathías faced children older than him. He defeated everyone... almost everyone. In the final of the championship, Mathías lost. "You will always be my winner," his dad told Mathías, "Winning isn't everything, and winning doesn't mean you're better than the other person." Luckily, Mathías heard those words just in time. He was still a child, he was innocent, he was not at all proud or competitive. Mathías treated the other players like his friends since they all enjoyed the same game. And that day, he promised that no matter who won or lost, they would remain friends.

Estas lecciones Mathías las guardaba muy bien en su mente, junto a los cientos de jugadas de ajedrez. Si la reina va a la derecha, y el rey a la izquierda... si los dos caballos se mueven así... si empiezas con este movimiento, y luego este... Era todo muy interesante. Mathías disfrutaba practicando todos los días. Esto lo llevó a alcanzar muchas victorias. Pero también perdía de vez en cuando.

Mathías kept these lessons very well in his mind, along with the hundreds of chess moves. If the queen goes to the right and the king to the left... if the two knights move like this... if you start with this movement and then this... It was all very interesting. Mathías enjoyed practicing every day. This led him to achieve many victories. But he also lost from time to time.

Unos años después, después de cientos de victorias, derrotas, viajes, y tableros. Mathías ya era considerado todo un joven campeón del ajedrez. Y se sentía orgulloso, porque había aprendido muchas cosas sobre la vida. Pero, mientras seguía joven, aún tenía mucho que aprender. Durante la final de un torneo importante, aunque parecía que iba a ganar, Mathías fue derrotado por un hombre mucho mayor que él. Ambos disfrutaron tanto esa partida, que se quedaron sentados a hablar como dos amigos.

A few years later, after hundreds of wins, losses, trips, and chessboards. Mathías was already considered a young chess champion. And he felt prou, because he had learned many things about life. But, while he was still young, he still had a lot to learn. During the final of an important tournament, even though it looked like he was going to win, Mathías was defeated by a man much older than him. They both

enjoyed that game so much that they sat talking like two friends.

Ese día, el ganador le dio a Mathías uno de los consejos más importantes de su vida. "Si tienes talento, aprovéchalo. Pero la vida no es tan sencilla, el talento no lo es todo, y todos tenemos iguales oportunidades. Lo más importante es trabajar duro para alcanzar tus sueños, eso lo puede cambiar todo. Si te esfuerzas lo suficiente puedes desafiar al talento, a la suerte, y al destino. Pero, cuando alcances tus sueños, no olvides la mejor parte... ¡divertirte!"

That day, the winner gave Mathías one of the most important pieces of advice of his life. "If you have talent, take advantage of it. But life is not so simple, talent is not everything, and we all have equal opportunities. The most important thing is to work hard to achieve your dreams; that can change everything. If you try hard enough, you can challenge talent, luck, and fate. But, when you achieve your dreams, don't forget the best part... have fun!"

Así fue como en el siguiente campeonato Mathías no ganó, pero... tampoco perdió. Mathías simplemente no asistió a ese

evento. **Estaba ocupado. Estaba de vacaciones con su familia, divirtiéndose como nunca antes.**

That's how in the next championship, Mathías did not win, but... he did not lose either. Mathías simply did not attend that event. He was busy. He was on vacation with his family, having fun like never before.

Toda su vida, desde que Victoria puede recordar, ha tenido problemas con la hora de dormir. Cuando era una bebe no era un gran problema, porque los bebés duermen mucho. Aunque quisiera seguir despierta, a los pocos segundos de caer en los brazos de su madre, la bebé estaba dormida. Pero los años pasaban y pasaban y Victoria se convirtió en una niña muy especial. Era inteligente, creativa, y valiente. Esa es una combinación interesante de cualidades para una niña de diez años, y es posible que la llevarán a meterse en problemas ocasionalmente.

All her life, for as long as Victoria can remember, she has had trouble with bedtime. When she was a baby, it wasn't a big problem, because babies sleep a lot. Although she wanted to stay awake, within seconds of falling into her mother's arms, the baby was asleep. But the years passed and passed, and Victoria became a very special girl. She was smart, creative, and brave. That's an interesting combination of qualities for a ten-year-old girl, and it is possible that they will get her into trouble occasionally.

Así que el mayor enemigo de Victoria es la hora de dormir. Casi todas las noches sin fallar Victoria discute con su mamá sobre este tema. Cada noche la niña insiste que no está cansada, que no tiene sueño. "Estoy llena de energía, tengo muchas cosas que quiero hacer, esto no es justo," le dice Victoria a su mamá. "Los niños buenos se duermen temprano," le responde su mamá, "los niños buenos obedecen las normas. Hay un buen motivo por el que nunca debes estar despierta después de medianoche."

So Victoria's greatest enemy is bedtime. Almost every night, without fail, Victoria argues with her mother about this topic. Every night the girl insists that she is not tired, that she is not sleepy. "I am full of energy; I have many things that I want to do; this is not fair," says Victoria to her mother. "Good children go to bed early," her mother replies, "Good children obey the rules. There's a good reason you should never be awake after midnight."

Para Victoria, una niña en crecimiento aprendiendo lo que es la rebeldía, las normas son en realidad recomendaciones y las reglas son sugerencias. Pronto descubriría que estaba equivocada, pero la lección llegaría de la forma más inesperada. Cuando Victoria escucha que había un buen motivo para tener que dormirse temprano, decide que va a hacer todo lo posible por descubrir cuál es ese motivo secreto. Después de tantos años luchando contra la hora de dormir, al fin llega el día en que consigue hacerse la dormida por suficiente tiempo para convencer a su mamá. ¡Lo logra! ¡Victoria sigue despierta después de la media noche!

For Victoria, a growing girl learning rebellion, the rules are really recommendations and the regulations are suggestions. She would soon find out that she was wrong, but the lesson would come in the most unexpected way. When Victoria hears that there was a good reason for having to fall asleep early, she decides that she is going to do everything possible to find out what that secret reason is. After so many years fighting against bedtime, the day finally comes when she manages to pretend to be asleep long enough to convince her mom. She does it! Victoria is still awake after midnight!

Luego de que la mamá de Victoria sale de su cuarto, creyendo que su hija está dormida, Victoria espera un rato. Cuando ha pasado suficiente tiempo y la niña cree que es seguro salir de su cuarto, muy lentamente y silenciosamente, Victoria abre la puerta. En el pasillo, escucha a su mamá decir: "Ya ha crecido mucho, es muy difícil convencerla de que nunca esté despierta ni salga de su cuarto después de medianoche." Luego, muy sorprendida, Victoria escucha una voz que no reconoce. La voz dice: "Victoria es una niña muy inteligente, seguramente entenderá y cumplirá con las reglas."

After Victoria's mother leaves her room, believing that her daughter is asleep, Victoria waits a while. When enough time has passed, and the girl believes that it is safe to leave her room, very slowly and silently, Victoria opens the door. In the hallway, she hears her mother say, "She has already grown a lot; it is very difficult to convince her never to be awake or leave her room after midnight." Then, very surprised, Victoria hears a voice that she does not recognize. The voice says, "Victoria is a very smart girl; surely she will understand and abide by the rules."

Rápidamente, Victoria toma la decisión de sorprender a este personaje desconocido. Así que corre hacia la sala de su casa y exclama: "Aja!" Pero lo que sucede a continuación es sorprendente. Ahí sentada en el mueble está su mamá, estaba tranquila, pero ahora está alarmada de ver a su hija despierta y fuera de su cuarto a esta hora. Lo más increíble es la otra persona parada en medio de la sala. Es una mujer hermosa, pero extraña, muy pálida, y usando un largo vestido blanco. Y lo más extraño de todo... al ver a Victoria, ¡la mujer desapareció!

Quickly, Victoria makes the decision to surprise this unknown character. So she runs into the living room of her house and exclaims, "Aha!" But what happens next is surprising. Sitting there on the couch is her mother; she was calm, but now she is alarmed to see her daughter awake and out of her room at this time. The most incredible thing is the other person standing in the middle of the room. She is a beautiful but strange woman, very pale, and wearing a long white dress. And the strangest thing of all... on seeing Victoria, the woman disappeared!

"¡Es un fantasma!" grita Victoria tan pronto como entiende lo acaba de pasar. Su mamá, muy preocupada, se levanta del mueble y corre hasta su hija. "Sí, sí es un fantasma, pero también es mi amiga," le explica su mamá a Victoria, quien seguía muy confundida. Entonces, la mamá explicó todo.

"She is a ghost!" Victoria yells as soon as she understands what just happened. Her mother, very worried, gets up from the couch and runs to her daughter. "Yes, yes, she is a ghost, but she is also my

friend," her mother explains to Victoria, who was still very confused. So, the mom explained everything.

"Por esta razón no quería que estuvieras despierta a esta hora, hija. Angélica solo aparece después de medianoche. Ella ha vivido aquí por cientos de años. No hace daño. Pero creí que tú aún eras muy joven para entender. Además, es peligroso que ustedes se encontraran. Si le cuentas a alguien sobre la existencia de Angélica, estaremos todas en problemas. Y si chocaras accidentalmente con un fantasma, mi amiga podría desaparecer, ¡o tu podrías convertirte en un fantasma! Por eso existen las reglas, querida hija."

"That's the reason I did not want you to be awake at this hour, daughter. Angelica only appears after midnight. She has lived here for hundreds of years. She doesn't hurt. But I thought you were still too young to understand. Besides, it is dangerous for you two to meet. If you tell someone about Angelica's existence, we'll all be in trouble. And if you accidentally collide with a ghost, my friend could disappear, or you could become a ghost! That is why there are rules, dear daughter."

Victoria tuvo que pedir perdón por haber roto las normas. Se sentía muy mal, pues creía haber decepcionado a su mamá. Además, le aterraba la idea de convertirse en fantasma, o de que su mamá perdiera a su amiga. Sin embargo, al reconocer su error y entender la situación, Victoria demostró haber aprendido la lección y ser lo suficientemente madura como para entender las consecuencias. Su mamá la perdonó y, aún más increíble, Angélica volvió a aparecer. Ahora Victoria también podría decir que tenía una amiga fantasma.

Victoria had to apologize for breaking the rules. She felt very bad because she believed she had disappointed her mother. Besides, she was terrified of the idea of becoming a ghost or that her mother would lose her friend. However, by acknowledging her mistake and understanding the situation, Victoria proved she had learned her lesson and was mature enough to understand the consequences. Her mother forgave her, and, even more unbelievably, Angelica reappeared. Now Victoria could also say that she had a ghost friend.

Cuando el pequeño José empieza a acercarse a la adolescencia, su vida se complica. Crecer como persona tiene ese efecto. Y al complicarse la vida, José se molesta, lo cual complica

44

todo aún más. Por ejemplo, ahora que es más grande, también lo son los otros niños, y también son más fuertes. Simplemente jugando fútbol José y dos de sus amigos han salido lastimados. Y las niñas también crecen, y cambian, y una de las mejores amigas de José ya no pasa tanto tiempo con él. Todo es más complicado, y José no lo entiende muy bien.

When little José begins to approach adolescence, his life becomes complicated. Growing as a person has that effect. And as life gets complicated, José gets upset, which complicates everything even more. For example, now that he is older, so are the other children, and they are also stronger. Just playing soccer, José and two of his friends have gotten hurt. And girls also grow up and change, and one of José's best friends doesn't spend as much time with him anymore. Everything is more complicated, and José does not understand it very well.

En esta nueva etapa de la vida de José se le presentan dos noticias, una buena y una mala. La mala noticia es que al sentirse tan estresado y confundido por los cambios a su alrededor, José ha peleado un par de veces con su papá. Esto no solía pasar. Pero no hay que temer. La buena noticia es que el papá de José entiende perfectamente que esto es algo normal por lo que pasan todos los niños. El mundo de José está cambiando, pero é también, incluso sin darse cuenta, está cambiando.

In this new stage of José's life, he is given two pieces of news: one good and one bad. The bad news is that feeling so stressed and confused by the changes around him, José has fought a couple of times with his dad. This did not use to happen. But there is nothing to fear. The good news is that José's father understands perfectly that this is something normal that all children go through. José's world is changing, but he too, even without realizing it, is changing.

Entonces, el papá de José piensa, y piensa, y piensa un poco más sobre cómo ayudar a su hijo. Necesita encontrar un lugar seguro, donde José pueda usar su nueva fuerza. Necesita un lugar que inspire confianza, donde José no se sienta amenazado por ningún cambio inesperado. Necesita un lugar tranquilo, un lugar hermoso, un lugar pacífico, un lugar grande y perfecto. Y, como se trata de un problema de familia, la solución también queda en la familia.

So, José's father thinks, and thinks, and thinks a little more about how to help his son. He needs to find a safe place where José can use his new strength. He needs a place that inspires confidence, where José does not feel threatened by any unexpected changes. He needs a quiet place, a beautiful place, a peaceful place, a great and perfect place. And, since it is a family problem, the solution also lies in the family.

Así es como el joven José se encuentra viajando a la granja de su tío. ¡Hace años y años que no visita la granja! El viaje es largo y un poco aburrido. El paisaje es hermoso, pero los árboles parecen infinitos. El cielo azul es perfecto, y las nubes blancas y suaves como almohadas. Sin poder evitarlo, José se queda dormido. Y, cuando despierta, descubre que ya está en su destino. La granja de su tío Manuel.

This is how young José finds himself traveling to his uncle's farm. He hasn't visited the farm in years and years! The journey is long and a bit boring. The landscape is beautiful, but the trees seem endless. The blue sky is perfect, and the clouds are white and soft like pillows. Unable to avoid it, José falls asleep. And, when he wakes up, he discovers that he is already at his destination. His Uncle Manuel's farm.

La granja es verdaderamente un lugar hermoso. También parece infinita, rodeada de árboles y cubierta por un dulce cielo azul. Pero, ahora que José está en medio de todo, puede observar los detalles, descubrir que el paisaje está lleno de vida, y que es totalmente imposible aburrirse en ese lugar. José se siente feliz y emocionado de estar ahí, pero tan pronto como saluda a su tío se entera de una gran sorpresa.

The farm is truly a beautiful place. It also seems infinite, surrounded by trees and covered by a sweet blue sky. But, now that José is in the middle of everything, he can observe the details, discover that the landscape is full of life and that it is totally impossible to get bored in that place. José feels happy and excited to be there, but as soon as he greets his uncle he finds out about a big surprise.

"¿Creías que estas eran unas vacaciones?" le pregunta el tío Manuel a su sobrino, "No señor. Vienes aquí a trabajar, mi querido José." Y así empieza el trabajo del niño. En primer lugar, necesita cambiar de ropa. No tiene que usar un uniforme, ni sus mejores camisas y pantalones. Para trabajar en la granja tiene que usar ropa cómoda y que proteja su cuerpo de la suciedad y de algunos animales. José se sorprende al darse cuenta de que le gusta su ropa de trabajo. Es mucho más fácil que tratar de verse bien en el colegio. Se siente como él mismo.

"Did you think this was a vacation?" Uncle Manuel asks his nephew, "No, sir. You have come here to work, my dear José." And so the child's work begins. First of all, he needs to change his clothes. He doesn't have to wear a uniform, nor does he have to wear his best shirts and pants. To work on the farm, he has to wear comfortable clothes that protect his body from dirt and some animals. José is surprised to realize that he likes his work clothes. It's so much easier than trying to look good at school. He feels like himself.

El segundo paso es aprender el modo de vida de la granja. Es muy, muy, muy difícil para José despertarse temprano. Algunas personas en la granja se despiertan incluso antes de que salga el sol. Pero, luego llega la tercera parte, empezar a trabajar. José ayuda a su tío a cargar grandes cajas y sacos de frutas y vegetales. Ayuda a alimentar ovejas, caballos, y cerdos. Trabaja tanto, tanto, tanto, que al final del día se acuesta mucho más temprano de lo normal.

Esa noche José duerme como un bebé. Es uno de los mejores sueños de su vida.

The second step is to learn the farm way of life. It is very, very, very difficult for José to wake up early. Some people on the farm wake up even before the sun rises. But then comes the third part, get to work. José helps his uncle carry big boxes and sacks of fruits and vegetables. He helps feed sheep, horses, and pigs. He works so, so, so much that at the end of the day, he goes to bed much earlier than usual. That night José sleeps like a baby. It is one of the best night's sleep of his life.

El niño tiene que volver al colegio, así que su estadía en la granja dura solo un fin de semana. Pero los efectos son grandes. El aire libre, el trabajo duro, los dulces animales y la tranquila rutina son perfectos para él. José aprendió a controlar su fuerza, a relajarse, y a confiar en la naturaleza. Así que le promete a su tío que volverá lo más pronto posible. Quizá al terminar las clases y estar de vacaciones José se pueda quedar unas cuantas semanas en la granja de sus sueños.

The boy has to go back to school, so his stay on the farm only lasts one weekend. But the effects are great. The outdoors, hard work, sweet animals, and quiet routine are perfect for him. José learned to control his strength, to relax, and to trust nature. So, he promises his uncle that he will be back as soon as possible. Perhaps, after finishing classes and being on vacation, José can stay for a few weeks at the farm of his dreams.

Es la mejor época del año. Al menos así es para Nicolás, un niño hermoso, creativo, y lleno de energía. ¿Por qué? Porque ya faltan pocos días para su cumpleaños número diez. Para celebrar el gran evento Nicolás se esfuerza mucho en planear la fiesta perfecta. Va a invitar a sus tres mejores amigos a acampar en el bosque. Van a hacer todas las actividades favoritas y comer toda la comida favorita de Nicolás. ¡Será perfecto! Al menos eso es lo que Nicolás esperaba. Pero, cuando llega al colegio esa semana a invitar a sus amigos, se encuentra con muchas sorpresas.

It is the best time of the year. At least that's how it is for Nicolás, a beautiful, creative, and energetic boy. Why? Because it's only a few days before his tenth birthday. To celebrate the big event, Nicolás tries hard to plan the perfect party. He is going to invite his three best friends to camp in the woods. They are going to do all of the favorite activities and eat all of Nicolás's favorite food. It will be perfect! At least that's what Nicolás hoped. But when he arrives at school that week to invite his friends, he is met with many surprises.

Su mejor amigo, Andrés, le dice: "Lo siento, no puedo ir a tu fiesta, ese día tengo que ir a la iglesia con mi familia." Su segunda mejor amiga, Alejandra, le dice: "Lo siento, no puedo ir a tu fiesta, acampar y todos esos juegos serán imposibles para mí que tengo que ir en silla de ruedas." Incluso su tercera mejor amiga, Gabriela, le dice: "Lo siento, no puedo ir a tu fiesta, mis padres no me dejan ir si Alejandra ve, no entiendo por qué."

His best friend, Andrés, says to him, "I'm sorry, I can't go to your party: I have to go to church with my family that day." His second best friend, Alejandra, says to him, "I'm sorry, I can't go to your party. Camping and all those games will be impossible for me because I have to go in a wheelchair." Even his third best friend, Gabriela, says to him, "I'm sorry, I can't go to your party. My parents won't let me go if Alejandra goes; I don't understand why."

Nicolás se siente confundido, triste y decepcionado. Son emociones nuevas para él, y no le gustan, no le gustan para nada. Sin saber qué más hacer, Nicolás se acerca a sus padres esa tarde y les dice: "Ya no voy a hacer fiesta de cumpleaños. Mis amigos me decepcionaron todos. Ninguno me quiere. Todos tienen algún problema. Así que no voy a invitar a ninguno. Voy a ir a acampar yo solo. Yo solo, solo, solo."

Nicolás feels confused, sad, and disappointed. They are new emotions for him, and he doesn't like them; he doesn't like them at all. Not knowing what else to do, Nicolás approaches his parents that afternoon and says to them, "I'm not going to have a birthday party anymore. My friends all disappointed me. No one loves me. Everyone has a problem. So I'm not going to invite any of them. I'm going to go camping by myself. Just me, alone, alone."

Sorprendidos, los padres de Nicolás no entienden qué pasó. Luego de que Nicolás se calma un poco, ya no está molesto, tan solo se siente triste, les explica bien los problemas de sus amigos. "Andrés no quiere ir el día de mi cumpleaños. Alejandra no quiere hacer todo lo que yo quiero hacer. Y Gabriela no quiere que invite a las personas que yo quiero," dice el niño. Sus padres, que comienzan a entender, le tienen tres preguntas.

Surprised, Nicolás' parents do not understand what happened. After Nicolás calms down a bit, he is no longer upset; he only feels sad. He explains the problems of his friends well. "Andrés doesn't want to go to my birthday. Alejandra doesn't want to do everything I want to do. And Gabriela doesn't want me to invite the people I want," says the boy. His parents, who are beginning to understand, have three questions for him.

Primero: "Nicolás, si vas a hacer todo tú solo, ¿cómo vas a llegar al bosque?" le pregunta su papá. Así Nicolás se da cuenta de que no puede hacer esto solo, necesita al menos a sus padres. Segundo: "Nicolás, tus amigos dijeron que no querían ir a tu fiesta, o que no podían? Son cosas diferentes, hijo," añade su mamá. Así Nicolás entiende que sus amigos si lo quieren, pero hay obstáculos en el camino que no son su culpa. Tercero: "Nicolás, si estuvieras tú solo en tu fiesta, ¿sería igual de divertida? ¿No sería mejor que tus amigos se diviertan también?"

First: "Nicolás, if you are going to do everything by yourself, how are you going to get to the forest?" asks his father. So Nicolás realizes that he cannot do this alone; he at least needs his parents. Second: "Nicolás, did your friends say that they didn't want to go to your party, or that they couldn't? They are different things, son," adds his mother. So Nicolás understands that his friends do like him, but there are obstacles along the way that are not his fault. Third: "Nicolás, if you were alone at your party, would it be as much fun? Wouldn't it be better if your friends have fun too?"

Ese día Nicolás comprende muchas cosas. En verdad no quiere estar solo, lo que quiere es ser feliz con sus amigos, y que sus amigos sean felices con él. Para conseguir esto, Nicolás tiene que unirse a sus amigos para solucionar los obstáculos que los intentan separar, porque sabe que su amistad es mucho más poderosa. Y también cuenta con el apoyo y la sabiduría de sus padres.

That day Nicolás understands many things. In truth, he does not want to be alone; what he wants is to be happy with his friends and for his friends to be happy with him. To achieve this, Nicolás has to join his friends to solve the obstacles that try to separate them because he knows that their friendship is much more powerful. And, also, he has the support and wisdom of his parents.

A Andrés le dice: "Podemos ir a acampar otro día, cuando todos puedan, ¡seguirá siendo una fiesta!" A Alejandra le dice: "Mi papá le preguntará al tuyo todo lo que necesitas, y siempre estará con nosotros. Te prometo que estarás segura y tan feliz como yo." El caso de Gabriela es un poco más complicado, pero igualmente Nicolás le dice: "Tu entiendes que todos somos diferentes, nos vemos diferentes, nos gustan cosas diferentes, y eso no es un problema. No sé por qué tus padres no lo entienden. Pero mis padres hablaron con ellos, y creo que están empezando a entender lo que tú y yo ya sabemos. Todos somos diferentes, así que en cierta forma también somos todos iguales. ¡Y todos merecemos escoger nuestros amigos y ser felices juntos!"

To Andrés, he says, "We can go camping another day, when everyone can go, it will still be a party!" To Alejandra, he says, "My dad will ask yours about everything you need, and he will always be with us. I promise you that you will be safe and as happy as I am." Gabriela's case is a bit more complicated, but Nicolás also says to her, "You understand that we are all different, we look different, we like different things, and that is not a problem. I don't know why your parents don't understand that. But my parents talked to them, and I think they are beginning to understand what you and I already know. We are all different, so in a way, we are also all the same. And we all deserve to choose our friends and be happy together!"

Gracias al gran corazón de Nicolás y al trabajo de sus padres, la fiesta ahora es posible. Todos los niños se divierten por igual, aún cuando todos son tan diferentes. Algunos niños tienen que seguir reglas especiales, otros niños tienen necesidades especiales, y a veces son los padres los que necesitan aprender la lección. Al final del día, en medio del campamento, los niños se acuestan a contar estrellas y olvidan todas sus diferencias. Una, dos, tres, cuatro, cinco… todos merecen oportunidades iguales para ser felices juntos.

Thanks to the great heart of Nicolás and the work of his parents, the party is now possible. All children have equal fun, even though they are all so different. Some children have special rules to follow, other children have special needs, and sometimes it's their parents who need to learn the lesson. At the end of the day, in the middle of their camp, the children lie down to count stars and forget all their differences. One, two, three, four, five… everyone deserves equal opportunities to be happy together.

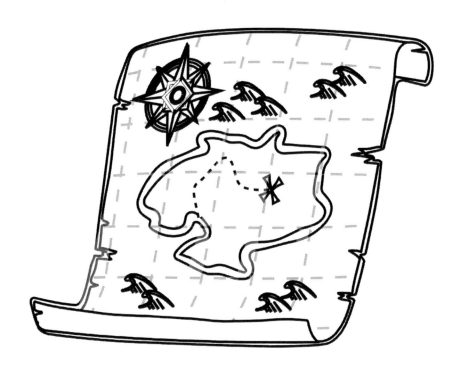

Existe en este mundo un club muy especial. Se trata de una sociedad secreta de aventureros. Este grupo de talentosos exploradores ha cambiado el mundo. Son valientes héroes que descubren lugares nuevos, animales extraños, y tesoros ocultos. Para llegar a convertirse en uno de estos famosos aventureros hay que entrenar toda la vida. Es decir, que estas personas se unen al club desde que son niños. Así se creó la "Sociedad de pequeños aventureros."

There is a very special club in this world. It is a secret society of adventurers. This group of talented explorers has changed the world. They are brave heroes who discover new places, strange animals, and hidden treasures. You have to train your whole life to become one of these famous adventurers. That means that these people joined the club from being children. And so the "Society of Little Adventurers" was created.

Durante los primeros años de entrenamiento, además de ir al colegio y ser niños normales, los pequeños aventureros empiezan a explorar el mundo. Primero visitan los parques locales, pronto se extienden a bosques y montañas cercanas. En un par de meses conocen nuevas ciudades y luego nuevos países. Así los niños aprenden mucho sobre el mundo que los rodea, sobre los animales y las plantas que encuentran, y sobre ellos mismos. Estos aventureros se vuelven valientes desde muy jóvenes, pero aún tienen muchas otras lecciones que aprender.

During the first years of training, in addition to going to school and being normal children, the little adventurers begin to explore the world. They visit local parks first, soon spreading out to nearby forests and mountains. In a couple of months, they go to new cities and then new countries. This way, the children learn a lot about the world around them, about the animals and plants they encounter, and about themselves. These adventurers become brave from a young age, but they still have many other lessons to learn.

Los niños tienen un profesor increíble, un hombre muy alto y fuerte que los asusta un poco pero también es divertido. Sin embargo, un día sin previo aviso este profesor los entrega a dos profesores nuevos. Uno de ellos es una dulce profesora, una pequeña mujer sonriente llamada María que a todos los niños les recuerda a una tía. El otro profesor se ve muy joven, se llama Ángel y parece que apenas está saliendo de la adolescencia. El resultado... bueno, se puede decir que en pocas palabras los niños no los tomaron en serio.

The children have an incredible teacher, a very tall and strong man who scares them a bit but is also fun. However, one day without prior notice, this teacher hands them over to two new teachers. One of them is a sweet teacher, a little smiling woman named Maria who reminds all the children of an aunt. The other teacher looks very young, his name is Ángel, and he seems to be barely out of adolescence. The result... well, it can be said in a few words that the children did not take them seriously.

Durante las primeras clases, la profesora María habla mucho, y los niños no la toman en serio, la interrumpen, y la ignoran. El otro profesor Ángel no hace mucho, y los niños empiezan a burlarse de él, y a desafiarlo, creyendo más fuertes y valientes que el joven. Cuando llega el momento del primer viaje en compañía de los nuevos profesores, los niños están impacientes por escaparse, y lo logran.

During the first classes, the teacher Maria talks a lot, and the children don't take her seriously; they interrupt her, and they ignore her. The other teacher, Ángel, doesn't do much, and the children start to make fun of him and challenge him, believing they are stronger and braver than the young man. When the time comes for the first trip in the company of the new teachers, the children are eager to escape, and they succeed.

Después de tomar todo lo necesario para sobrevivir en la selva y creyendo que ya no necesitan profesores, los niños escapan de la vigilancia de María y Ángel y se adentran en la selva sin ayuda. Al principio todo va bien, los pequeños aventureros conocen estas plantas y esos animales, saben lo que hacen. ¡Pero pronto descubren que no tienen un mapa! Empiezan a pelear, decir mentiras, y culparse entre sí. "¡Tu debías traer el mapa!" dicen unos, "¡Yo pensé que tú tenías el mapa!" dicen otros. "En realidad, no hay mapa," dice el profesor Ángel.

After taking everything they need to survive in the jungle and believing that they no longer need teachers, the children escape the supervision of María and Ángel and enter the jungle without help. In the beginning, everything goes well; the little adventurers know these plants and those animals; they know what they are doing. But they soon discover that they don't have a map! They start fighting, telling lies, and blaming each other. "You should have brought the map!" some say, "I

thought you had the map!" others say. "Actually, there is no map," says
professor Ángel.

**Todos los niños se asombran, pues no se habían dado cuenta
de que el profesor los había encontrado. Al principio los niños casi
se vuelven locos exigiendo ayuda. Lo ven como alguien casi igual
que ellos, y olvidan que es un profesor. Él los ignora
tranquilamente, hasta que uno de los niños dice "Profesor, disculpe,
no tenemos un mapa, ¿nos podría ayudar, por favor?" Eso hace al
joven sonreír. "Ah, por fin uno de ustedes recuerda las normas de
cortesía. Pero solo porque están asustados. Sólo porque creen que
puedo ayudarlos. ¿No les avergüenza que han pasado semanas
irrespetándome a mí y a la profesora?"**

*All the children are surprised because they had not realized that
the teacher had found them. At first, the children almost went crazy,
demanding his help. They see him as someone almost the same as them
and forget that he is a teacher. He quietly ignores them until one of the
children says, "Professor, excuse me, we don't have a map, please could
you help us?" That makes the young man smile. "Ah, finally, one of you
remembers the rules of courtesy. But only because you are scared. Just*

because you think I can help you. Are you not ashamed that you have spent weeks disrespecting me and the teacher?"

Los niños se apresuran a pedir disculpas. Está anocheciendo y no quieren quedarse perdidos en la selva. Una de las niñas le dice al profesor: "Te debimos haber respetado porque eres mayor que nosotros, porque tienes más conocimientos, y eres un profesor." Ángel asiente, pero cuando va a decir algo más, otra persona lo interrumpe. ¡Es la profesora María! "Eso es cierto," le dice ella a los sorprendidos niños, "pero no es todo. ¿Saben por qué nos deben respetar al profesor y a mí? Porque somos personas. Todas las personas merecemos respeto por igual. Incluso entre ustedes. Vi cómo peleaban, eso no está bien. ¿De qué les sirve sobrevivir en la selva, si no saben convivir con otras personas?"

The children are quick to apologize. It's getting dark, and they don't want to stay lost in the jungle. One of the girls says to the teacher, "We should have respected you because you are older than us, because you have more knowledge, and you are a teacher." Ángel nods, but when he goes to say something else, someone else interrupts him. It's teacher María! "That is true," she says to the surprised children, "but it is not everything. Do you know why you should respect the teacher and me? Because we are people. All people deserve respect equally. Even between all of you. I saw how you fought; that's not right. What is the use of surviving in the jungle if you do not know how to live with other people?"

Los niños se sienten apenados, entienden que todavía hay mucho que tienen que aprender. Después de disculparse, uno de ellos le pregunta tímidamente a la profesora: "¿Cómo nos encontraron?" A lo que la profesora responde: "Los mejores aventureros no necesitan un mapa. Y yo conozco esta selva como la palma de mi mano. Si nos respetamos unos a otros prometo enseñarles todo lo que se." La profesora añadió un guiño y una sonrisa y ese día se convirtió en la profesora favorita de los niños, quienes aprendieron la lección y se convirtieron en los mejores aventureros del mundo.

The children feel sorry; they understand that there is still much they have to learn. After apologizing, one of them timidly asks the teacher, "How did you find us?" To which the teacher replies, "The best adventurers don't need a map. And I know this jungle like the back of my hand. If we respect each other, I promise to teach you everything

I know." The teacher added a wink and a smile, and that day she

became the favorite teacher of the children, who learned their lesson

and became the best adventurers in the world.

———————

Esta es la historia de dos hermanas. Paola es la mayor, es ya una adolescente, y es una artista. Su hermana menor es Mariana, que sueña con convertirse en bailarina. Las dos hermanas se

69

quieren mucho, y son muy unidas. Paola protege mucho a su hermana menor, y Mariana admira mucho a su hermana mayor. Mientras Mariana está en sus clases de ballet, su hermana la espera afuera y pasa el tiempo trabajando en sus dibujos.

This is the story of two sisters. Paola is the oldest, she is already a teenager, and she is an artist. Her younger sister is Mariana, who dreams of becoming a dancer. The two sisters love each other very much, and are very close. Paola protects her younger sister a lot, and Mariana admires her older sister a lot. While Mariana is in her ballet classes, her sister waits for her outside and passes the time working on her drawings.

Paola lleva toda su vida dibujando, es su gran pasión. Así como su hermana menor quiere ser bailarina, Paola quiere algún día convertirse en una gran artista. Para empezar, la primera meta de Paola es conseguir que exhiban una de sus pinturas en una galería de arte de su ciudad. Pero hay unos cuantos obstáculos en su camino. En primer lugar, no logra decidir cuál de sus pinturas ofrecer a la galería con esperanzas de que la acepten.

Paola has been drawing all her life; it is her great passion. Just as her younger sister wants to be a dancer, Paola wants to become a great artist one day. To begin with, Paola's first goal is to get one of her paintings exhibited in an art gallery in her city. But there are a few obstacles in her way. In the first place, she cannot decide which of her paintings to offer to the gallery in hopes that they will accept it.

"Necesito tu ayuda, tienes que ayudarme a escoger," le dice Paola a Mariana un día. Así, empieza a mostrarle sus pinturas. De la primera, un hermoso paisaje de montaña, dice: "Esta no es muy buena. Este estilo es muy difícil para mí, no sé por qué lo intenté." La segunda pintura es muy colorida, llena de colores y felicidad. Pero Paola dice: "Esta es infantil, creo. Nadie me tomará en serio, ¿verdad?" Antes de que su hermana respondiera, Paola muestra la tercera pintura. Es un sorprendente retrato de su profesora de arte, pero la artista dice: "Me avergüenza mostrar este. Nunca seré tan buena como mi profesora. ¿Para qué intentarlo?"

"I need your help; you have to help me choose," Paola says to Mariana one day. So, she begins to show her her paintings. About the first one, a beautiful mountain landscape, she says, "This is not very

71

good. This style is too difficult for me; I don't know why I tried it." The second painting is very colorful, full of colors and happiness. But Paola says, "This is childish, I think. No one will take me seriously, right?" Before her sister could answer, Paola shows the third painting. It's an amazing portrait of her art teacher, but the artist says, "I'm embarrassed to show this one. I will never be as good as my teacher. Why even try?"

Al final, Paola no acepta la opinión ni la ayuda de su hermana. Guarda sus pinturas y se convence a sí misma de que no debe enviar nada a la galería de arte porque será imposible que la acepten. Sin embargo, Paola no cuenta con que su hermana menor es una niña muy, muy inteligente. Mariana decide que su hermana está equivocada, y decide ayudarla. Tal vez no sabe mucho de pinturas, pero el baile también es una forma de hacer arte, así que decide pedirle consejo a la persona que más sabe de baile, su profesora.

In the end, Paola does not accept the opinion or help of her sister. She keeps her paintings and convinces herself that she should not send anything to the art gallery because it will be impossible for them to accept her. However, Paola doesn't count on her younger sister being a very, very intelligent girl. Mariana decides that her sister is wrong, and she decides to help her. She may not know much about paintings, but dancing is also a way of making art, so she decides to ask the person who knows the most about dance for advice; her teacher.

"Lo que le pasa a tu hermana es muy común en los artistas," **le dice la profesora a Mariana, "No hay una forma correcta de hacer arte, así que nunca sabemos si estamos cien por ciento haciéndolo bien. Podemos sentir inseguridad, y compararnos con otros, pero es importante aceptar que nuestro talento es real y único en el mundo." Después de analizar esta información, Mariana le pregunta: "¿Cómo puedo ayudarla a apreciar su talento?" La profesora lo piensa un poco y finalmente responde: "Creo que podemos ayudarte con eso."**

"What is happening to your sister is very common in artists," says the teacher to Mariana, "There is no correct way to make art, so we never know if we are doing it one hundred percent right. We can feel insecure and compare ourselves to others, but it is important to accept that our talent is real and unique in the world." After analyzing this

73

information, Mariana asks her, "How can I help her appreciate her talent?" The teacher thinks about it a little and finally responds, "I think we can help you with that."

Al siguiente día, Paola entra a la escuela de baile a buscar a su hermana y es sorprendida por lo que parece ser una galería de arte de mentira. Al principio está confundida, pero luego empieza a sonreír. Mientras camina, observa que cada una de las pequeñas bailarinas está mostrando con mucho orgullo dibujos que hicieron ellas mismas. "Este estilo es imposible, pero yo lo logré," dice una. "Nadie nunca jamás ha hecho algo tan lindo como esto," dice otra. "Este es el mejor dibujo de la historia," dice la última.

The next day, Paola enters the dance school to look for her sister, and she is surprised by what appears to be a fake art gallery. At first, she is confused, but then she starts to smile. As she walks, she observes that each of the little ballerinas is proudly displaying drawings that they did themselves. "This style is impossible, but I did it," says one. "No one has ever done something as nice as this," says another. "This is the best drawing in history," says the last one.

Al final, Paola alcanza a su hermana, que había tomado prestado uno de sus dibujos y ahora muy orgullosamente lo expone en medio de su escuela. "Esta es mi pintura favorita de mi hermana," dice Mariana, "es difícil escoger porque todas son pinturas son mis favoritas. A ella le da miedo compartir sus obras de arte porque cree que no son buenas, pero se equivoca. No tiene que ser mejor que nadie, solo tiene que atreverse a compartir sus creaciones. Pase lo que pase, para mí siempre será la mejor."

In the end, Paola catches up with her sister, who had borrowed one of her drawings and now very proudly exhibits it in the middle of her school. "This is my favorite painting of my sister," says Mariana, "it is difficult to choose because they are all my favorite paintings. She is afraid to share her works of art because she thinks they are not good, but she is wrong. She does not have to be better than anyone; she just has to dare to share her creations. Whatever happens, for me, she will always be the best."

Después de escuchar eso, Paola no puede aguantar más y lanza sus brazos sobre su hermana menor. Al abrazo se unen todas las pequeñas bailarinas, y terminan todas riendo juntas. Casi sin darse cuenta todas aprendieron una lección muy importante sobre la confianza en sí mismas, el valor, y el amor propio. Además, esa galería se volvería una tradición en la escuela de baile. Incluso después de que las pinturas de Paola se exhibieran en las mejores galerías de la ciudad, siempre mantiene las favoritas de su hermana en su escuela de baile mientras las dos cumplen sus sueños.

After hearing that, Paola can't take it anymore and throws her arms around her younger sister. All the little dancers join the hug, and they all end up laughing together. Almost without realizing it, they learned a very important lesson about self-confidence, courage, and self-esteem. In addition, that gallery would become a tradition in the dance school. Even after Paola's paintings were exhibited in the best galleries in the city, she always keeps her sister's favorites at her dance school while they both fulfill their dreams.

Un Caballero Leal - A Loyal Knight

Cuando el Reino de Los Destellos se ve atacado por una poderosa bruja, el Caballero Enrique II salva el día enfrentándose a la bruja. Cuando la Reina del Chocolate entra en guerra con el Rey del Pan, de nuevo el Caballero Enrique II los ayuda a resolver sus diferencias. Incluso durante la gran guerra contra los viejos gigantes, el valiente Caballero Enrique II salió victorioso. Pero, cuando otro de sus amigos, el Rey Pablo, necesitaba ayuda salvando un dragón, el famoso Caballero Enrique II... falló.

When the Kingdom of The Sparkles is attacked by a powerful witch, Knight Enrique II saves the day by confronting the witch. When the Queen of Chocolate goes to war with the King of Bread, once again, Knight Enrique II helps them resolve their differences. Even during the great war against the old giants, the brave Knight Enrique II was victorious. But when another of his friends, King Pablo, needed help saving a dragon, the famous Knight Enrique II... failed.

Así terminó el recreo de los estudiantes. Los niños jugaban a ser reyes, reinas, jefes de ejércitos, caballeros en brillante armaduras y cazadores de dragones. Una niña discute con una profesora, hasta que un niño llamado Enrique la defiende. Un par de gemelos tiene una pelea hasta que Enrique los ayuda a solucionar el problema. En un juego de fútbol contra niños mayores, Enrique gana el partido para su equipo. Pero cuando su amigo Pablo pierde su cometa en un árbol y necesita su ayuda para bajarla... suena la campana que significaba el fin del recreo. Todos deben ir a clases, incluso el valiente y honrado Caballero Enrique.

This is how the students' recess ended. Children played at being kings, queens, army chiefs, knights in shining armor, and dragon hunters. A girl argues with a teacher until a boy named Enrique defends her. A couple of twins have a fight until Enrique helps them solve the problem. In a soccer game against older children, Enrique wins the match for his team. But when his friend Pablo loses his kite in a tree and needs his help to bring it down... the bell rings that signifies the end of recess. Everyone has to go to class, even the brave and honorable Knight Enrique.

Ese día, Pablo no logra recuperar su cometa, y la pierde para siempre. Enrique se preocupa de que su amigo no lo perdone, pero no tiene oportunidad de disculparse, porque esa misma tarde Enrique tiene un accidente. ¡El grandioso Caballero está herido! Por suerte, no es algo muy grave. Enrique se fractura un hueso de su pierna y, aunque se recuperará pronto, no puede ir al colegio por unos días. El niño se siente muy preocupado. ¿Qué pasará si sus amigos lo necesitan y él no está ahí para ellos? ¿Pablo lo perdonará? ¿Terminarán todos molestos con él?

That day, Pablo cannot get his kite back, and he loses it forever. Enrique worries that his friend will not forgive him, but he does not have an opportunity to apologize because that same afternoon, Enrique has an accident. The great Knight is wounded! Fortunately, it is not something very serious. Enrique breaks a bone in his leg and, although he will recover soon, he cannot go to school for a few days. The child is very worried. What if his friends need him and he is not there for them? Will Pablo forgive him? Will everyone end up upset with him?

Los días siguientes Enrique se lleva muchas sorpresas. Primero aparece su amiga, la creadora del Reino de Los Destellos. Le trae a Enrique una copia de todas las clases que se ha perdido. Y, con un guiño, le dice que incluyó algunas de las respuestas de la tarea que la bruja, no, que la profesora les mandó.

The following days bring Enrique many surprises. First, his friend appears, the creator of the Kingdom of The Sparkles. She brings Enrique a copy of all the classes that he has missed. And, with a wink, she tells him that she included some of the answers from the homework

that the witch, no, that the teacher sent them.

En segundo lugar, llegan los hermanos gemelos, la Reina del Chocolate y el Rey del Pan. Como buenos amigos quieren acompañar a Enrique en los largos días que tiene que pasar encerrado en su casa. Así que lo visitan y pasan toda una tarde jugando videojuegos juntos. La mayoría de las veces Enrique gana, y aunque uno de ellos insiste que lo dejó ganar, su hermana le confiesa a el caballero lesionado que ganó honestamente.

In second place, the twins arrive; the Queen of Chocolate and the King of Bread. As good friends, they want to accompany Enrique during the long days that he has to spend locked up in his house. So they visit him and spend an entire afternoon playing video games together. Most of the time, Enrique wins, and although one of them insists that he let him win, his sister confides to the injured knight that he won honestly.

El equipo de fútbol, muy agradecido porque Enrique los ayudó a ganar un partido que parecía imposible, le devolvieron el favor. Cada uno aportó una pequeña cantidad de dinero, pero todos juntos pudieron comprar una gran torta para regalarle al jugador

más valioso. La torta estaba deliciosa, y por un momento Enrique no se sintió como Caballero, se sintió como un Rey.

The soccer team, very grateful because Enrique helped them win a game that seemed impossible, returned the favor. They each contributed a small amount of money, but together they were able to buy a large cake to present to the most valuable player. The cake was delicious, and for a moment, Enrique did not feel like a Knight; he felt like a King.

Luego, llega el momento de la mayor sorpresa. Pablo llega a la casa de Enrique, con notas de una clase, un helado, y un nuevo videojuego. Muy sorprendido, Enrique le dice: "Pensé que estarías molesto conmigo por no ayudarte el otro día." Pero Pablo tan solo se ríe con cariño y le pregunta: "¿Acaso tú ayudas a los demás solo para que te ayuden con la tarea, jueguen contigo, y te regalen dulces?"

Then comes the moment of the biggest surprise. Pablo arrives at Enrique's house with notes from a class, an ice cream, and a new video game. Very surprised, Enrique says to him, "I thought you would be upset with me for not helping you the other day." But Pablo just laughs fondly and asks him, "Do you help others just so they would help you

with your homework, play with you, and give you sweets?"

Esa pregunta asusta a Enrique, que inmediatamente dice:
"¡No! ¡Yo jamás haría eso! Yo los ayudo porque es lo correcto y
porque son mis amigos y siempre estaré ahí para ellos. Por eso me
siento tan mal por haberte fallado." De nuevo Pablo se ríe
dulcemente y le dice a su mejor amigo: "Eso fue una sola vez,
Enrique. Tú me has ayudado muchas otras veces. Y aunque no
fuera así, Igualmente yo estaría aquí para ti. Porque sé que tú harías
lo mismo por mí, y porque es lo correcto. Para esto son los amigos,
y los honorables caballeros. En las buenas y en las malas, cuentas
conmigo."

That question scares Enrique, who immediately says, "No! I
would never do that! I help them because it is the right thing to do and
because they are my friends, and I will always be there for them. That's
why I feel so bad for having failed you." Again Pablo laughs sweetly
and says to his best friend, "That was only once, Enrique. You have
helped me many other times. And even if it wasn't like that, I'd still be
here for you. Because I know that you would do the same for me and

because it is the right thing to do. This is what friends are for, and honorable knights. In the good times and bad times, you can count on me."

———————

Para la mayoría de los niños, la mejor parte de ir al colegio, es el receso. Es el momento en que son libres de correr, jugar, saltar y, por supuesto, comer. Cuando el pequeño Juan llegó a su colegio nuevo, se dio cuenta de que los otros niños disfrutaban comer dulces tanto como él. Juan llegó al colegio asustado, era un niño tímido, y en un colegio nuevo no tenía amigos. Así que se propuso un plan para ganarse amigos.

For most children, the best part of going to school is recess. It is the time when they are free to run, play, jump, and of course, eat. When little Juan arrived at his new school, he realized that the other children enjoyed eating sweets as much as he did. Juan arrived at school scared; he was a shy boy and in a new school where he had no friends. So he came up with a plan to make friends.

Juan observó que había grupos de niños que a la hora del receso compartían su comida, para que todos probaran algo. Así que se le ocurrió llevar mucha comida al colegio, así cuando viera a niños que no tuvieran nada que comer, Juan les ofrecería su comida. En su mente, Juan imaginó que los niños, muy agradecidos, serían sus amigos por siempre. E incluso que los demás niños verían su bondad y también querrían ser sus amigos. Sería el niño más popular del colegio.

Juan observed that there were groups of children who shared their food at recess; so that everyone could try something. So it occurred to him to take a lot of food to school, so when he saw children who had nothing to eat, Juan would offer them his food. In his mind, Juan imagined that the grateful children would be his friends forever. And even that the other children would see his kindness and would also want to be his friends. He would be the most popular kid in school.

Por varios días Juan puso en acción su plan. Tenía suerte de que tenía padres que podían complacer todos sus deseos, le compraron muchos dulces y no le hicieron preguntas. Juan llevó al colegio bolsas llenas de cientos de caramelos, y a cada niño que no tenía comida le daba uno. Luego llevó cajas con docenas de galletas, y de nuevo a cada niño que no tenía nada que comer le dio una. Incluso llevó un gran número de chocolates, y a los demás niños les daba un pequeño pedazo. No se le ocurrió que eran muy poco y que los demás niños se daban cuenta de que solo regalaba dulces porque le sobraban.

For several days, Juan put his plan into action. He was lucky that he had parents who could please all his wishes; they bought him a lot of sweets and didn't ask him questions. Juan took bags full of hundreds of candies to school, and he gave one to each child who had no food. Then he took boxes with dozens of cookies, and again, he gave one to each child who had nothing to eat. He even took a large number of chocolates and gave the other children a small piece. It didn't occur to him that it was too little and that the other kids noticed he only gave them sweets because he had too many.

Sin embargo, al pasar los días, Juan se dio cuenta de que su plan no funcionaba. Los otros niños agradecen los dulces, pero nadie verdaderamente se había convertido en su amigo. Fue entonces cuando conoció a Fabian. Fabian era un niño que todos, todos querían. Era amigo de todos. Así que Juan lo observó y descubrió que Fabian hacía lo mismo que él, llevaba pan, galletas e incluso varios tipos de tortas, y los compartía con los otros niños. Pero Juan tenía muchas preguntas.

However, as the days passed, Juan realized that his plan was not working. The other children appreciated the sweets, but no one had truly become his friend. It was then that he met Fabian. Fabian was a boy that everyone, everyone liked. He was everyone's friend. So Juan *observed him and discovered that Fabian did the same thing as him; he brought bread, cookies, and even various types of cakes and shared them with the other children. But Juan had many questions.*

Un día, Juan encontró a Fabian solo, sorprendentemente, y decidió hablar con él. Juan fue directo al grano. "¿Por qué todos te prefieren a ti?" le preguntó a Fabian, "Mis dulces son tan buenos o hasta mejores que tus panes. Además, he visto que también le regalas pan a los niños que sí tienen comida, no parece un buen negocio. ¿Cómo convenciste a todos de que sean tus amigos?" Fabián reaccionó instantáneamente. Le dio risa. "¿Crees que comparto mi comida para ganar amigos?"

One day, Juan found Fabian alone, surprisingly, and decided to talk to him. Juan got straight to the point. "Why does everyone prefer you?" he asked Fabian, "My sweets are as good as or even better than your bread. Besides, I have seen that you also give bread to children that have food, it does not seem like a good deal. How did you convince everyone to be your friends?" Fabian reacted instantly. He laughed, "Do you think I share my food to win friends?"

Confundido y cansado, Juan se dejó caer sentado al lado de Fabian. Juan se puso a pensar en qué podía significar esa reacción del otro niño. Estaba tan concentrado que no lo pensó dos veces cuando Fabian le ofreció una galleta y aceptó. Un minuto después dijo, "¡Un momento! No puedo aceptar tu comida, yo tengo la mía, no es justo. Y… ¡Mira! ¡A ti solo te queda una galleta!" A manera de respuesta, Fabián se rio otra vez. La verdad es que él solo llevaba al colegio un par de panes o galletas, pero igual siempre compartía. "Juan, yo no comparto mi comida para ganar nada. Simplemente me parece justo compartir con todos los demás," explicó Fabian.

Confused and tired, Juan sat down beside Fabian. Juan began to think about what this reaction from the other boy might mean. He was so focused that he didn't think twice when Fabian offered him a cookie, and he accepted. A minute later, he said, "Wait! I can't take your food; I have mine, it's not fair. And look! You only have one cookie left!" In response, Fabian laughed again. The truth is that he only took a couple of loaves of breads or cookies to school, but he always shared. "Juan, I don't share my food to gain anything. It just seems fair to me to share with everyone else," explained Fabian.

"¿Cómo aprendiste eso? ¡Tengo tantas preguntas!" Suspiró Juan, confundido al verse frente a tanta amabilidad desinteresada. La buena noticia es que Fabian tenía justo la solución. "Lo aprendí en la panadería de mi familia, donde trabajo desde que me dejan entrar a la cocina'", le dijo Fabian a Juan, "Es un negocio pequeño, mucho trabajo, y no sobra mucha comida. Pero mi abuela me enseñó a trabajar, el valor de cada cosa, y a compartir siempre que puedo."

"How did you learn that? I have so many questions!" Juan sighed, confused at being faced with so much disinterested kindness. The good news is that Fabian had just the solution. "I learned it in my family's bakery, where I have been working since they let me into the kitchen,"" Fabian told Juan, "It's a small business, a lot of work, and not much food is left over. But my grandmother taught me to work, the value of everything, and always to share whenever I can."

Juan explicó que a pesar de que sus padres le compraran tantos dulces, no le habían enseñado nada de eso. Así que Fabián le sugirió "¿Quieres ir a trabajar conmigo? A mi abuela le encantará enseñarte. Y tal vez así te ganas un amigo honestamente." Los dos

niños compartieron una sonrisa, era el comienzo de una hermosa amistad.

Juan explained that even though his parents bought him so many sweets, they hadn't taught him any of that. So Fabian suggested, "Do you want to go work with me? My grandmother would love to teach you. And maybe that way you will gain a friend honestly." The two children shared a smile; it was the beginning of a beautiful friendship.

Estrella de Cine - Movie Star

Para Ana, todo empezó desde que era una bebé. Su mamá cuenta que cuando Ana tenía solo unos meses de edad y empezaba a llorar, tan sólo se calmaba cuando la sentaban a ver televisión. Al pasar los años, Ana dejó de llorar y de usar pañales, pero nunca dcjó de sentirse atraída por las coloridas imágenes del televisor. Era de esperar que al cumplir los cinco años anunciara orgullosamente a toda su familia: "¡Voy a ser una estrella de cine!" Y ese era sólo el comienzo. "Claro que sí, hija," le respondió su papá, "pero vas a tener que trabajar mucho para alcanzar ese sueño. ¿Estás lista?"

For Ana, it all started when she was a baby. Her mother says that when Ana was only a few months old and began to cry, she only calmed down when they sat her down to watch television. Over the years, Ana stopped crying and wearing diapers, but she never stopped being attracted to the colorful images on television. It was to be expected that when she was five years old, she would proudly announce to her entire family: "I'm going to be a movie star!" And that was just the beginning. "Of course you are, daughter," her father replied, "but you are going to have to work hard to achieve that dream. Are you ready?"

A Ana le gusta decir que nació lista para este trabajo. Pero fue cierto que debió trabajar mucho para cumplir sus sueños. Para empezar, tendría que estudiar mucho. Sus padres pusieron algunas condiciones. Ana solo podía dedicarse a la actuación si prometía trabajar duro, ser siempre honesta, y si obtenía excelentes notas en el colegio. Luego tendría que tomar clases de actuación, leer muchos guiones y aprender muchas cosas nuevas e interesantes, pero era bastante trabajo. Sin embargo, Ana lo logró, se convirtió en actriz.

Ana likes to say that she was born ready for this job. But it was true that she had to work hard to fulfill her dreams. To begin with, she would have to study a lot. Her parents put some conditions. Ana could only pursue acting if she promised to work hard, always be honest, and if she got excellent grades in school. Then she would have to take acting classes, read a lot of scripts and learn many new and interesting things, but it was a lot of work However, Ana succeeded; she became an actress.

Su primer trabajo fue perfecto. Era una película de acción, en la que una fuerte cuerda la levantaba por los aires y luego su actriz favorita la atrapaba en sus brazos. Fue todo un sueño. Pero pronto Ana tendría que despertar. Los siguientes trabajos de la niña actriz fueron muy diferentes. A veces solo tenía que quedarse sentada en silencio por mucho tiempo. A veces tenía que llorar muchas veces hasta que el director de la película estuviera contento. A veces tenía que usar grandes cantidades de maquillaje que le daba alergia y era difícil de quitarse.

Her first job was perfect. It was an action movie in which a strong rope lifted her into the air, and then her favorite actress caught her in her arms. It was all a dream. But soon, Ana would have to wake up. The following jobs of the child actress were very different. She sometimes just had to sit in silence for a long time. She sometimes had to cry many times until the director of the film was happy. She sometimes had to wear large amounts of makeup that gave her allergies and was difficult to remove.

Los años pasan y Ana crece y se convierte en una de las niñas actrices más famosas del mundo. Pero Ana también está cansada, todas las últimas películas que ha hecho no le han gustado. Sin embargo, este es su sueño, y no se quiere rendir aún. Además, finalmente Ana recibe una excelente noticia. La primera película que hizo y que tanto disfrutó, va a tener una segunda parte, y ¡Ana está invitada a ser parte de la película!

The years pass, and Ana grows up and becomes one of the most famous child actresses in the world. But Ana is also tired, all the last movies that she has made she hasn't liked. However, this is her dream, and she doesn't want to give up just yet. Besides, Ana finally receives

96

excellent news. The first movie that she made and that she enjoyed so much, is going to have a second part, and Ana is invited to be part of the movie!

Tan sólo hay un problema. Antes de que empiece a grabar la película que más quiere, Ana tiene dos obstáculos en su camino. El primero, es una película que de verdad no quiere hacer, y el segundo es un examen muy importante que determinará si Ana aprueba esc año en el colegio. Muy estresada, la niña recurre a sus amlgos actores para pedir consejo. Los otros niños famosos le dan apoyo y le desean suerte, pero una de las mayores, una actriz un poco más profesional, le ofrece a Ana algo diferente. Le ofrece ayuda con el examen, bueno, no solo ayuda, ¡ofrece ayudarla a hacer trampa!

There is only one problem. Before she starts shooting the movie that she loves the most, Ana has two obstacles in her way. The first is a movie that she really does not want to do, and the second is a very important test that will determine if Ana passes that year in school. Very stressed, the girl turns to her actor friends for advice. The other famous children give her support and wish her luck, but one of her oldest, a slightly more professional actress, offers Ana something different. She

offers to help her with the exam, well, not only help, she offers to help

her cheat!

Cuando Ana empieza a grabar la película que no le gusta, se siente cansada. Ella tan sólo sueña con volver actuar en películas que de verdad le gusten, que la inspiren, pero no quiere decepcionar a sus padres, no quiere rendirse. Pero, cuando los ensayos se vuelven muy difíciles, y Ana no puede evitar llorar, su mamá habla con ella seriamente. "¿Qué te pasa hija? ¿Estás bien? Por favor, dime la verdad," le dice su mamá a Ana. La niña llora un poco más y admite que este trabajo no le gusta, que desea escoger mejor las películas en las que verdaderamente quiere actuar, ya que no soporta pretender que le gustan los otros proyectos.

When Ana starts to shoot the movie that she doesn't like, she feels tired. She only dreams of going back to act in films that she really like and that inspire her, but she does not want to disappoint her parents; she does not want to give up. But when rehearsals get too difficult, and Ana can't avoid crying, her mom talks to her seriously. "What's wrong, daughter? Are you okay? Please tell me the truth," her mother says to Ana. The girl cries a little more and admits that she does not like this job. She wants to choose the films better, picking those she really wants to act in since she cannot bear to claim that she likes the other projects.

Gracias al amor y entendimiento de sus padres, Ana abandona la película que no le gustaba, y ahora solo tiene que esperar a comenzar su proyecto favorito. Pero hay un problema, Ana recuerda su frase favorita de la primera película, cuando la heroína salva el día y dice "Todas las mentiras terminan en explosiones. Hay que seguir siempre la verdad, aun cuando no sea para nuestro beneficio." De esa forma Ana se da cuenta de que su heroína estaría decepcionada de ella. Ana fue honesta cuando quiso dejar un trabajo que la hacía infeliz, pero no cuando hizo trampa en el examen para continuar siendo una actriz.

Thanks to the love and understanding of her parents, Ana abandons the movie that she did not like, and now she just has to wait to start her favorite project. But there is a problem; Ana remembers her favorite phrase from her first movie when the heroine saves the day and says, "All lies end in explosions. We must always follow the truth, even

99

when it is not for our benefit." This way, Ana realizes that her heroine would be disappointed in her. Ana was honest when she wanted to quit a job that made her unhappy, but not when she cheated on the exam to continue being an actress.

Ana reunió todo el valor que sus personajes favoritos le inspiraban, y les confesó la verdad a sus padres. Sus padres estaban muy sorprendidos al descubrir que su adorada hija había hecho trampa en un examen tan importante. Pero sabían que debían apreciar el hecho de que Ana confesara por sí misma. Así que llegaron a un acuerdo. Ana podría seguir actuando, pero tendría que tomar el examen de nuevo, ella sola, y sacar una calificación perfecta.

Ana gathered all the courage that her favorite characters inspired in her, and she confessed the truth to her parents. Her parents were very surprised to discover that their beloved daughter had cheated on such an important exam. But they knew they should appreciate the fact that Ana confessed for herself. So they came to an agreement. Ana could continue acting, but she would have to take the test again, by herself, and get a perfect grade.

Ana había trabajado mucho como actriz por muchos años, pero nunca se había esforzado tanto como se esforzó ese mes estudiando para el examen. Sabía que de ese momento dependía su carrera, sus sueños, y sabía que la única solución sería trabajar honestamente para alcanzar sus metas. Finalmente... ¡Ana aprobó el examen! ¡Podría seguir actuando! Y ahora que había crecido, ya estaba lista para luchar lado a lado de su actriz favorita.

Ana had worked hard as an actress for many years, but she had never worked as hard as she did that month studying for the exam. She knew that her career and her dreams depended on that moment, and she knew that the only solution would be to work honestly to achieve her goals. Finally...Ana passed the exam! She could keep acting! And now that she had grown up, she was ready to fight side by side with her favorite actress.

We hope you have enjoyed this book, and that its stories have helped you to improve your learning process of the Spanish language.

We would like to invite you to leave a **review on Amazon** to help us grow and boost our educational project.

Thank you

Made in United States
North Haven, CT
21 October 2021

10480482R00057